I0789617

LA CADUTA DELLA BALENA BIANCA

Dopo la caduta del muro di Berlino, cosa è successo? La Democrazia in Italia, e non solo, comincia a sgretolarsi…

PREFAZIONE

Il Muro di Berlino, considerato una barriera di protezione Antifascista, fu eretto e poi attivo dal 1961 fino al 1989. La caduta del Muro la ricordano un pò tutti, perché questo evento non è accaduto in una data troppo remota, il 1989, e poi anche simbolicamente rappresentato da uno storico concerto dei Pink Floyd, che diede ancora più risalto all'avvenimento. Alla fine della seconda guerra mondiale la Germania dell'Est era sotto la giurisdizione dell'Unione Sovietica, La Germania Ovest sotto il controllo della Nato. Questa divisione fu uno dei prezzi che pagò la Germania per aver perso la guerra e per il comportamento della Politica Nazista. La Germania Est non vedeva di buon occhio la circolazione libera di persone provenienti dalla parte Ovest, considerata di matrice fascista, che dovevano chiedere un permesso per passare, come se fosse un confine vero e proprio. Tutto questo creò un'insofferenza nella popolazione Tedesca, che volevano circolare liberamente in tutta la nazione sia verso Est che verso Ovest. Dopo molte proteste e disordini, dove anche molte persone persero la vita, alla fine si decise di abbattere il muro e rendere la circolazione libera. Questo aprì la strada verso la riunificazione della Germania, che si concretizzò un anno dopo la caduta del Muro, nel 1990. Ora la Germania unita era trascinata più dalle correnti comuniste, o da quello che era rimasto delle fasciste, dopo la morte di Hitler? Trovò un equilibrio? L'unione Sovietica non si oppose come ci si aspettava, mentre gli Stati Uniti appoggiarono in pieno questo processo, credendolo un fatto positivo, sia in ambito Tedesco sia Europeo, in una prospettiva di Unione e Collaborazione. Sta di fatto che l'unificazione e la rinascita della Germania avvenne molto velocemente, nel 1990, che partì con una politica guidata da un Partito Post Comunista. Tutto questo provocò una reazione non positiva delle nazioni vicine, che videro rallentare il loro processo di Democratizzazione. Questo clima si rifletté pure in Italia, dove la "Democrazia Cristiana" vide indebolire sempre più il proprio potere politico. La domanda che ci vogliamo porre adesso è: Dopo la Sconfitta della 2° Guerra mondiale, dopo il muro, la divisione e la giurisdizione delle altre Nazioni, e le conseguenze..., la Germania ha perso quella predisposizione a voler dominare le altre Nazioni ed espandere i propri confini, tipica della politica Nazista? Lo scopriremo leggendo questo Libro.

ARGOMENTI DEL LIBRO

- PRESENTAZIONE
- LUIGI STURZO E IL PARTITO POPOLARE
- IL PARTITO POPOLARE
- LA BALENA BIANCA
- LA CADUTA DELLA PRIMA REPUBBLICA
- CHE FINE HANNO FATTO I PARTITI?
- IL PRIMO DURO COLPO, SVENDITE E PRIVATIZZAZIONI
- LA RIFORMA DEL MERCATO DEL LAVORO E LA DISOCCUPAZIONE
- UNA STRANA POLITICA NAZIONALE E ESTERA
- IL PERICOLO IDEOLOGICO (Fascismo, Comunismo, Fanatismo religioso, Massoneria)
- L'ETICA E LA MORALE COMUNE
- L'ECONOMIA INTENAZIONALE DOPO L'INTRODUZIONE DELL'EURO, SPECULAZIONI FINANZIARIE, DEBITO PUBBLICO
- L'ESPANSIONE ECONOMICA CINESE
- GLOBALIZZAZIONE
- SI PUO' USCIRE DALL'EURO?

PRESENTAZIONE

Lo Scopo di questo libro è quello di raccontare in modo cronologico, tutti quei processi Sociali, Politici ed Economici che in 30 anni, a partire dal 1990 fino al 2020, hanno pian piano portato la Democrazia a sgretolarsi sempre più.

Parliamo della Democrazia in generale, ma in Italia, anche il partito vero e proprio, la "Democrazia Cristiana", soprannominata "LA BALENA BIANCA" che dopo il 1990 ha visto perdere giorno dopo giorno il proprio potere, lasciandolo a partiti totalitari ed estremisti, sia di Destra che di Sinistra, legati più che al benessere del paese, a interessi Capitalistici, di potere e di sottomissione a chi gli assicura tutto questo. Fino ad arrivare ad oggi il 2020, dove la situazione è molto critica.

All'interno del libro si trattano molti argomenti controversi su cui si potrebbero fare pagine e pagine di considerazioni e conclusioni, ma tralasceremo tutto questo, affinché la ricostruzione dei fatti sia la più chiara possibile e senza interruzioni.

Scritto da: **Salvatore Bellassai** nell'anno 2020;

LUIGI STURZO E IL PARTITO POPOLARE

Don Luigi Sturzo (Sacerdote, Sociologo e Politico Italiano)

Luigi Sturzo nacque a **Caltagirone** il 26 novembre 1871 da Felice Sturzo e Caterina Boscarelli: Il padre faceva parte della nobile famiglia dei Baroni d'Altobrando e la madre faceva parte di una famiglia borghese Calatina.

Dopo essere stato, per varie motivazioni, in diversi seminari in giro per la Sicilia, nel 1888 **Luigi Sturzo** tornò a Caltagirone, continuando qui il Seminario, dove fu un discepolo eletto e prediletto, il migliore, e qui si diplomò nello stesso anno del suo ingresso.

Il 19 maggio del 1894 fu ordinato sacerdote alla chiesa del Santissimo Salvatore dal vescovo di Caltagirone Saverio Gerbino, nel 1896 alla **Pontificia Università Gregoriana** di Roma ottenne il Baccellierato (riconoscimento universitario anglosassone o Statunitense) in **Teologia**. Sempre nel 1894 s'iscrisse all'università della Sapienza di Roma e all'Accademia di **San Tommaso d'Aquino**. *Luigi Sturzo*, allo scopo di mettere in contatto gli studenti delle diverse regioni d'Italia, fondò *l'Associazione dei Giovani Ecclesiastici*, della quale divenne presidente il futuro vescovo di Bergamo **Radini-Tedeschi** e Sturzo divenne il vicepresidente.

Mentre si preparava alle lauree, insegnò al seminario di Caltagirone *filosofia, **Sociologia,** diritto pubblico ecclesiastico, italiano e canto sacro.*

Nel 1897 istituì a Caltagirone una Cassa Rurale dedicata a San Giacomo e una mutua cooperativa, che diede fastidio ai liberali conservatori, fondò anche il giornale di orientamento politico-sociale *La croce di Costantino,* il 7 marzo dello stesso anno.

Oltre ai consensi, il giornale suscitò le ire dei massoni, a causa del metodo rettilineo e coraggioso che usava Luigi Sturzo per ottenere i consensi. Il 20 settembre 1897 bruciarono una copia del giornale, nella piazza principale di Caltagirone. Si comincia a delineare l'impossibilità della convivenza all'interno dell'Opera dei Congressi fra **Conservatori** e **Democratici Cristiani.**

"Pochi — scrisse **Gabriele De Rosa** — ebbero, come Sturzo, la conoscenza specifica della struttura agraria e artigianale siciliana, la sua capacità di analisi degli effetti negativi del processo di espansione del capitalismo industriale sui fragili mercati del Sud, e sulla piccola e media borghesia agricola e artigiana locale, che si sfaldava sotto i colpi di una impossibile concorrenza. Tra le cause della disgregazione dei vari ceti artigianali in Sicilia, Sturzo indicava: *La 'forte concorrenza delle grandi fabbriche estere o nazionali di materie prime'; la lotta 'rovinosa' che si facevano gli artigiani locali, la mancanza di capitali, l'indebitamento, l'impoverimento delle campagne dovuto alla crisi agraria"*.

Verso i primi anni del Novecento *Luigi Sturzo* divenne il collaboratore del quotidiano cattolico *Il Sole del Mezzogiorno,* e nel 1902 guidò i cattolici di Caltagirone alle elezioni amministrative.

Nel 1905 verrà nominato consigliere provinciale della *Provincia di Catania*. Sempre nel 1905, pronunciò il discorso di Caltagirone su *"I problemi della vita nazionale dei cattolici"*, riuscendo a convincere la Chiesa Italiana e la Santa sede, a dare il permesso, affinché i Cattolici potessero partecipare alla vita politica nazionale, che prima era limitata a quella amministrativa locale. Nello stesso anno fu eletto pro-sindaco di Caltagirone (mantenne la carica fino al 1920). Nel 1912 divenne vicepresidente dell'**Associazione Nazionale Comuni d'Italia**.

Nel 1919 fondò il **Partito Popolare Italiano** (del quale divenne segretario politico fino al 1923) e il 18 gennaio 1919 si compie ciò che a molti è apparso l'evento politico più significativo dall'unità d'Italia: dall'albergo Santa Chiara di Roma, don Sturzo lancia **"L'Appello ai Liberi e Forti"**, carta istitutiva del Partito Popolare Italiano:

«A tutti gli uomini liberi e forti, che in questa grave ora sentono alto il dovere di cooperare ai fini superiori della Patria, senza pregiudizi né preconcetti, facciamo appello perché uniti insieme propugnano nella loro interezza gli ideali di giustizia e libertà»

Nello stesso anno, infine, esce a **Roma** *Il Popolo Nuovo*, organo settimanale del neonato partito. *Don Sturzo* rende il **Partito Popolare Italiano** una formazione molto influente nella politica italiana.

Contro il parere di Sturzo, dopo la **marcia su Roma** (28 ottobre 1922) il **PPI** (Partito Popolare Italiano) accettò di sostenere il primo governo Mussolini, ottenendo due importanti ministeri (Tesoro, Lavoro e Previdenza sociale). Al IV Congresso del Partito Popolare (Torino, 12-14 aprile 1923), Luigi Sturzo, sostenuto dalla sinistra di **Francesco Luigi Ferrari** e di **Luigi e Girolamo Meda**, fece prevalere la tesi *dell'incompatibilità fra la concezione "Popolare" dello Stato e quella totalitaria del* **Fascismo.**

Un Partito (il **PPI**) che con l'ascesa di Mussolini si comincia a sfaldare, dove le anime del partito di Destra vogliono appoggiare Mussolini, quelle di Sinistra sono contrarie a qualsiasi accordo. Molti moderati del partito e quelli di Sinistra passarono all'opposizione.

Un Partito che diventò molto Debole, Mussolini si aggraziò anche le Gerarchie Vaticane, e la nuova legge elettorale che fu approvata, assicurò la maggioranza Parlamentare al **Partito Nazionale Fascista.**

Tutto questo nel 1923 costrinse Sturzo alle dimissioni da Segretario del partito, e sempre più perseguitato dal Partito Fascista, decise di lasciare tutto e andare via dall'Italia. Si rifugiò dal 1924 al 1940 prima a *Londra*, poi a *Parigi* e infine a

New York. Dove anche qui si fece molto apprezzare per le sue tante qualità, di Sacerdote, Sociologo, Politico e altro ancora.

Dopo lo sbarco alleato in Sicilia nel luglio 1943 riprese i contatti con gli esponenti cattolici siciliani, come **Paola Tocco Verduci** fondatrice in Sicilia del Movimento Femminile D.C. e prima donna membro di un Governo in Italia pur se regionale (Regione siciliana) ,fu tra i sostenitori della concessione all'**Autonomia Speciale alla Sicilia.**

Il 5 Settembre 1946 tornò in Italia stabilendosi a Roma presso la casa generalizia delle Canossiane. Cominciò subito a farsi sentire con un articolo su *Il Giornale d'Italia,* parlando delle tre *"male bestie"* che infettavano il sistema italiano: *la Partitocrazia, lo Statalismo e l'abuso del denaro pubblico*. Fu contrario all'idea dello Stato imprenditore facendo una netta distinzione tra Stato e statalismo. Poi disse anche:" *Lo Stato deve facilitare e integrare l'iniziativa privata, non sostituirla al punto di paralizzarne la funzione*"

Dalle ceneri del *Partito Popolare Italiano*, nel 1948 nacque la Democrazia Cristiana guidata allora da **Alcide De Gasperi**. Sturzo però non volle svolgere un ruolo predominante in questo nuovo partito, ma defilato. Con molti incarichi e riconoscimenti fu sempre grande la sua influenza sulla Politica Italiana. L'ultimo che gli fu assegnato fu quello di Senatore a vita, solo dopo aver ricevuto la dispensa da **Pio XII.**

Morì nel **8 Agosto del 1959**, all'età di ottantasette anni; Oggi è sepolto nella chiesa del Santissimo Salvatore a **Caltagirone.** A 40 anni dalla sua morte il comune di Caltagirone pose nella Scalea del Palazzo Municipale una lapide in memoria di **Luigi Sturzo**.

Tra le numerose qualità avute, spiccò sicuramente quella di **Sociologo,** dove furono molto precise e azzeccate, le sue analisi sulla composizione della Società. *L'Importanza della Famiglia come Nucleo portante e centrale, della tendenza dell'uomo a costituirsi in Gruppi ben precisi e con determinate tendenze e ideologie, tra le quali la spinta conservatrice e quella Progressista e molto altro ancora.* Naturalmente tutte queste analisi di cui scrisse anche molti libri, si estesero e calzarono perfettamente anche alla Politica.

IL PARTITO POPOLARE ITALIANO

Il simbolo nell'immagine, **lo scudo crociato** (con motto "Libertas", rappresenta la difesa dei valori Cristiani, la libertà e autonomia dei Comuni.) Il simbolo fu poi conservato, quando il partito diventò la **Democrazia Cristiana**.

Leggendo pian piano il capitolo precedente, da tutto quello che **Sturzo** diceva e scriveva sui giornali, e specialmente **"L'Appello ai Liberi e Forti"**, possiamo ben delineare le caratteristiche del partito da lui fondato:

Il **Partito Popolare Italiano** (**PPI**), fu un partito politico Italiano fondato il 18 Gennaio 1919 da **Luigi Sturzo** assieme a *Giovanni Bertini, Giovanni Longinotti, Achille Grandi, Angelo Mauri, Remo Vigorelli* e *Giulio Rodinò*.

Ispirato alla **dottrina sociale della Chiesa cattolica**, il PPI *rappresentò per i Cattolici Italiani il ritorno organizzato alla vita politica*, attiva, dopo lunghi decenni di assenza. Esisteva un divieto della Chiesa e della Santa Sede di far partecipare alla vita politica nazionale i Cattolici, limitata solo a quella amministrativa. Fu una delle conseguenze alle vicende dell'unificazione nazionale.

Nonostante le iniziali opposizioni del Vaticano, alla fine si riuscì a costituire il PPI (Partito Popolare Italiano).

I movimenti che aderirono al partito furono: I Conservatori Nazionali, I Clerico Moderati di **Alcide de Gasperi**, I giovani Democratici Cristiani, I Cattolici Sindacalisti.

L'Ideologia del Partito era **Democratica**, quindi far eleggere i componenti del Governo tramite voto del popolo, *ma non solo degli uomini, ma con suffragio Universale, estendendo il voto anche alle donne.*

Un altro punto fondamentale del partito era di *favorire la piccola proprietà privata,* specialmente quella rurale, contro i *Latifondisti,* proprietari d'immense proprietà agricole.

Poi si batté per le *libertà di religiose, per la famiglia* (Considerata perno della società), *libertà dell'insegnamento, per il ruolo dei Sindacati*. Sosteneva anche il *decentramento amministrativo* con più autonoma per Regioni, Province e Comuni.

Altri due punti fondamentali furono:

- **la riforma del sistema tributario**, che doveva essere progressivo, l'imposta doveva essere proporzionale al reddito di ogni cittadino. Più alto era il reddito, più alta l'imposta.

- **Il Sistema Elettorale Proporzionale**, sebbene sottoposto a numerosi regolamenti, per l'assegnazione dei seggi, doveva tenere il più possibile, considerazione dell'elettorato. Questo Sistema si contrapponeva a quello **Maggioritario**.

Infine, Accettava ed Esaltava **la Società delle Nazioni** (che in futuro sarà sostituita dall'ONU), al fine di collaborare per il benessere comune, ed evitare conflitti.

Il Partito Popolare si dichiarò un partito di Cattolici, ma non Cattolico, cioè traeva ispirazione dalla **Dottrina sociale Cristiana**, ma non voleva dipendere dalla Gerarchia della Chiesa. Il Partito se pur ispirato alla dottrina cristiana, *abbandonò la concezione religiosa*, perché la vita politica per il bene del paese, era tutt'altra cosa.

LA BALENA BIANCA

Il Partito Popolare Italiano, come abbiamo visto nei capitoli precedenti, con la **Marcia su Roma** (1922) e l'ascesa del *Partito Fascista*, fu costretto allo scioglimento, cosa che accadde nel 1926.

Con la fine della *Seconda Guerra Mondiale*, la sconfitta della Germania, e lo sbarco degli alleati, pian piano molti uomini, tra cui politici e imprenditori cattolici, cominciarono ad incontrarsi in segreto. Scopo delle riunioni era quello di ricostruire il PPI.

Il tutto si concretizzò nel 1948, dalle ceneri del *Partito Popolare Italiano*, nacque la **Democrazia Cristiana**.

Artefice principale fu **Alcide De Gasperi**, con **Mario Scelba**, **Giovanni Gronchi** e molti altri, con l'aiuto di molti movimenti culturali di quel periodo, tra cui Azione Cattolica e Federazione Universitaria Cattolica Italiana, di cui facevano parte nomi oggi molto conosciuti, tra cui **Giuli Andreotti** e **Amintore Fanfani**.

La **Democrazia Cristiana (D.C.)** conservò tutti i principi del PPI (di cui abbiamo ampiamente parlato nel capitolo precedente), e si mosse verso una integrazione Europea e internazionale, favorevole alla costituzione di Società di Nazioni, per il bene comune, e per evitare conflitti, con applicazioni di sanzioni a quei Paesi che violavano le regole, e muovendosi verso una politica di disarmo, per quanto possibile. Nella seconda metà degli anni 40, si cominciarono a costituire società come la NATO e L'ONU.

La **D.C.** fu soprannominata la **"Balena Bianca"**, perché fagocitava e ricomprendeva tutto dentro di se. Questo significa che al suo interno vi erano molti partiti e ideologie: *Liberali, Comunisti, Socialisti, Repubblicani, partiti e movimenti vari democratici, e non*. Fu capace di mettere d'accordo tutti al fine di un bene comune e del Paese, proprio per questo dal 1948 al 1994, nella successione dei governi Italiani, se non fu al potere, ebbe sempre importanti rappresentanti nelle maggiori cariche istituzionali. *Spina del fianco del partito furono le frange più estremiste dei Comunisti,* che non erano d'accordo su molte cose, ma soprattutto sulla politica economica, *questi ultimi s'ispiravano a quella Sovietica.*

Pian piano le formazioni dei partiti di Sinistra cominciarono a scalare il partito, agli inizi degli anni 80, il potere si muove verso il **Partito Socialista**, fino ad arrivare al 1991 **l'ultimo governo Andreotti**.

*"La Balena sopravvisse agli **anni di piombo** e all'avanzata della sinistra nel decennio 70, sembrò riprendere smalto negli anni 80, quelli del **pentapartito** a guida condivisa con il nuovo **P.S.I.** di **Bettino Craxi**. Arpionata da Mani Pulite, nel nuovo clima instaurato dalla caduta del **Muro di Berlino** e dalla dissoluzione del blocco comunista nell'Est d'Europa, la **balena si arenò** senza possibilità di salvezza proprio alle Amministrative del 1993."*

LA CADUTA DELLA PRIMA REPUBBLICA

La fuga in Tunisia di **Bettino Craxi**, fu un episodio simbolo della **Caduta della Prima Repubblica**.

Dopo **il primo Governo Amato** nel 1992, Nel 1994 Con l'arrivo definitivo dei Governi di **Sinistra** e **Berlusconi**, *cade la prima repubblica,* *cade la vera ideologia dei partiti, tutto finisce in mano al Capitalismo.*

La Sinistra, che assunse ufficialmente, (secondo me al fine demagogico), nomi come il *Partito Democratico*, era costituita da gente facente parte la dirigenza di importanti Banche Italiane, che oltre ad avere un conflitto d'Interesse per il bene del Paese, si doveva fare sempre i conti *con quella ideologia di estrema sinistra e massonica,* ispirata a un' economia di stampo sovietico, e al Partito Comunista vero e proprio. Ideologia molto presente all'interno delle formazioni di Sinistra, anche se non si chiamavano **PCI**.

Dall'altra parte **Berlusconi**, grande imprenditore, uno degli uomini più ricchi d'Italia, ciò sta a significare grossi capitali e quote azionistiche depositate nelle maggiori Banche Italiane. Gli interessi sono gli stessi di cui al paragrafo precedente. *Anche qui il conflitto d'interesse è enorme.* Con la successiva eliminazione di **Gianfranco Fini** (***Movimento Sociale Italiano***) dalla coalizione, nel Centro-Destra, resta solo una persona che decide tutto.

Durante le successioni dei governi di *Sinistra* e *Berlusconiani*, hanno fatto sempre finta di litigare, perché avendo gli stessi e identici interessi, alla fine trovavano sempre un accordo.

Gli Italiani, il Paese, *Le Infrastrutture, le Manutenzioni, la Creazioni di posti di Lavoro, in poche parole, il Benessere Comune, completamente dimenticato.*

CHE FINE HANNO FATTO I PARTITI?

Tutto quello descritto nel capitolo precedente si riflette anche a livello locale, le Elezioni Comunali, Provinciali e Regionali fanno capo ai due nuovi blocchi che si sono venuti a Creare, che **quando si tratta di fare i loro interessi trovano sempre un accordo**. Quando ci sono decisioni importanti, per il bene del Paese, litigano in continuazione, non riuscendo mai a trovare un punto d'incontro, **che significa totalitarismo**, quando vince la Sinistra si fa tutto quello che dice la Sinistra, quando vince la Destra di Berlusconi la stessa e identica cosa.

Nel **Pentapartito** le discussioni erano messe su un tavolo, fino a trovare un accordo secondo buon senso, per risolvere i veri problemi e le urgenze del Paese, trovando le giuste soluzioni. Le decisioni venivano fuori dopo un severo confronto, in cui potevano essere importanti anche le idee dei partiti di minoranza.

Un buon senso che oggi non si vede nel modo più assoluto, che sembrava comparire con l'accordo **Lega-M5s** ma poi niente di fatto.

Tutti i **Moderati, Socialisti, Liberali, Democratici, Cattolici**, tutti quelli che ancora credevano in certi valori e ideali, che componevano questi partiti e in cui credevano, non hanno avuto scelta: Non partecipare più alla vita politica, o come hanno fatto la maggior parte, si sono mischiati ai partiti attuali, o di Destra o di Sinistra, cercando all'interno di questi di dare lo stesso il loro contributo e le loro idee. Ma i risultati non sono stati così evidenti, perché tutto veniva e viene deciso, o meglio dire imposto dai vertici delle nuove formazioni Politiche.

Per l'Elettorato lo stessa cosa, o non votare e astenersi, come molti stanno facendo sino a oggi, con percentuali di affluenza alle urne molto basse, oppure, votare quello che c'è.

IL PRIMO DURO COLPO, LE SVENDITE E LE PRIVATIZZAZIONI

L'**IRI** (Istituto per la Ricostruzione Industriale) fu una delle più grandi società statali con funzione di politica industriale. Istituito nel 1933 durante il periodo del Fascismo, **Mussolini** appoggiò in pieno questa iniziativa, ma non fu solo lui l'artefice, importante il ruolo del socialista **Alberto Benduce**.

Si Occupava:

- la quasi totalità dell'industria degli armamenti
- i servizi di telecomunicazione di gran parte dell'Italia
- un'altissima quota della produzione di energia elettrica
- una notevole quota dell'industria siderurgica civile
- tra l'80% e il 90% del settore di costruzioni navali e dell'industria della navigazione

Progressivamente allargò i suoi settori d'intervento e divenne il fulcro dell'intervento pubblico nell'Economia Italiana. Nel 1980 l'IRI, era un gruppo di circa 1000 società con più di 500 000 dipendenti. È stata a suo tempo una delle più grandi aziende non petrolifere al di fuori degli Stati Uniti. Nel 1992 chiudeva l'anno con 75.912 miliardi di lire di fatturato, ma con 5.182 miliardi di perdite, ***un saldo nettamente positivo***, Ancora nel 1993 l'IRI era il settimo conglomerato al mondo per dimensioni.

"Negli anni sessanta, mentre l'economia italiana cresceva ad alti ritmi, l'IRI era tra i protagonisti del "miracolo" italiano. Altri paesi europei, in particolare i governi laburisti inglesi, guardavano alla "formula IRI" come ad un esempio positivo d'intervento dello Stato dell'economia, migliore della semplice "nazionalizzazione" perché permetteva una cooperazione tra capitale pubblico e capitale privato."

Altro che le privatizzazioni di cui tanto oggi si parla, per rendere più salda l'economia dello stato, difronte a questi dati c'è da restare senza parole.

Fu capace di inglobare in se stessa oltre che i settori di cui all'inizio del paragrafo, anche molte grandi imprese del Paese, Automobilistiche, Dolciarie, Alimentari, Assicurazioni. Con queste fece un sodalizio, al fine di non far mancare mai liquidità di denaro sia alle stesse imprese, che allo stato, in un regime di perfetta collaborazione nel far circolare il denaro.

L'IRI, Nata durante il *Fascismo*, continuò ad esistere anche nel dopoguerra, e poi nei governi successivi. Segno che era una formula vincente per l'Economia del Paese, e guardata come esempio anche da altri stati. ***Anche se non si può negare che la sua nascita, fu frutto di una politica di stampo Socialista, guidata da* Alberto Benduce.**

L'Unificazione Europea che prevedeva l'unione doganale e il passaggio alla moneta unica, fu un evento decisivo per lo smantellamento dell'IRI, *che non vedeva questa società di buon occhio, al fine di una libera concorrenza Europea.*

Nel **1992** venne trasformata in **SPA** (Società per azioni), dopo 10 anni, cessò di Esistere.

Il 23 Maggio 1992 viene Ucciso **Giovanni Falcone**, 2 mesi dopo toccherà anche a **Paolo Borsellino**. Mentre L'Italia è scossa e sotto shock, perché i due baluardi della lotta contro la Criminalità organizzata, sono stati eliminati, alcuni uomini in segreto complottavano e cominciavano a muoversi verso le privatizzazioni.

Il tutto ha inizio con l'arrivo di **Romano Prodi** alla presidenza dell'IRI (1982), e durante il Governo **Amato** le cose cominciano a concretizzarsi. *Inizia un processo completamente inverso, dove non solo si abbandonano o si svendono le imprese che ne fanno parte, ma si prova a privatizzare anche i grandi settori*

(Telecomunicazioni, Ferrovie, Elettricità etc.), in cui lo stato ha sempre avuto quote societarie prossime al 100%.

Nel 1993 SME Dolci e Surgelati vende (o meglio dire, svende) al gruppo Svizzero **Nestlè**: *Motta, Alemagna, La Cremeria, Antica gelateria del Corso, Maxicono, Valle degli Orti, e altri.*

Mario Draghi, Bersani, Ciampi, Draghi, Prodi, Amato, Dini, Berlusconi, Tutti Politici di quel periodo, che non impedirono questo processo, anzi alcuni di essi lo favorirono.

Con un documento pubblicato il 10 febbraio 2010, L'Analisi della Corte dei Conti sulle Privatizzazioni è la seguente:

*"Il giudizio, che rimane neutrale, segnala, sì, un recupero di redditività da parte delle aziende passate sotto il controllo privato; un recupero che, tuttavia, non è dovuto alla ricerca di maggiore efficienza, quanto piuttosto all'incremento delle tariffe di energia, autostrade, banche, ecc., **ben al di sopra dei livelli di altri paesi Europei. A quest' aumento, inoltre, non avrebbe fatto seguito alcun progetto di investimento, volto a migliorare i servizi offerti.***

*«Si evidenzia una serie di importanti criticità, le quali vanno dall'**elevato livello dei costi sostenuti e dal loro incerto monitoraggio, alla scarsa trasparenza** connaturata ad alcune delle procedure utilizzate in una serie di operazioni, dalla scarsa chiarezza del quadro della ripartizione delle responsabilità fra amministrazione, contractors ed organismi di*

consulenza, al non sempre immediato impiego dei proventi nella riduzione del debito"

A parte l'analisi per niente confortante della Corte dei Conti, con la privatizzazione dei grossi settori (Energetici, Telecomunicazioni, Trasporti e altri), Si ha, come dal titolo di questo capitolo *"Il Primo duro Colpo alla Democrazia"*.

Questo perché approfittando della poca trasparenza, le privatizzate, con la scusa di brevi contratti, 3,4,6,12 mesi, cominciano ad assumere, molti dipendenti temporanei, il cui scopo non è evitare la disoccupazione, ma secondo una mia analisi è Politico.

Questi numerosi contratti a termine, garantiscono un immenso bacino di voti, visto le dimensioni delle aziende privatizzate (Energia, Telecomunicazioni, Trasporti etc.), con migliaia di uffici in tutt'Italia, e in mano a non si sa chi.

La nuova riforma degli uffici collocamento (di cui al prossimo capitolo) ha favorito tutto questo, perché ha permesso questo tipo di contratti, e non si è tenuto più conto dello stato di disoccupazione.

Senza poi contare che per la **Criminalità Organizzata** diventa più facile infiltrarsi, nelle aziende privatizzate, visto la loro poca trasparenza, come ha confermato anche la **Corte dei Conti**.

LA RIFORMA DEL MERCATO DEL LAVORO

Il **10 Settembre 2003** si concretizza la riforma del mercato del lavoro, I **Centri per l'Impiego** sostituiscono gli Uffici di Collocamento.

Due caratteristiche fondamentali sono l'ingresso di **Agenzie per il Lavoro autorizzate** (ex Agenzie interinali), soggetti privati che svolgono attività di somministrazione di lavoro, intermediazione, ricerca e selezione, supporto alla ricollocazione del personale; **L'introduzione di nuovi contratti di lavoro**, e altri che modificano quelli già esistenti (Come l'apprendistato). Il tutto per ottenere una maggiore flessibilità nel lavoro, favorendo contratti di lavoro a termine e occasionali.

Secondo questa riforma, con questo tipo di contratti, doveva aumentare l'occupazione, ma di fatto, non è stato così. La disoccupazione ancora oggi continua a salire.

Difficile fare un'analisi di questa riforma, creata anche per far emergere il lavoro nero. Chi vive di contratti occasionali, ha davanti a se sempre lo spettro della precarietà, e dell'insicurezza del domani.

Tutti vorrebbero un lavoro sicuro, come un posto fisso statale, ma non è possibile. Anche i liberi professionisti potrebbero considerarsi precari da un certo punto di vista, perché la continuità del loro lavoro, oltre che dalla loro bravura e professionalità, dipende soprattutto dal giro di Clienti che ruotano attorno al loro studio professionale e che ritornano per nuovi lavori. Più è grande il numero e la fiducia dei clienti verso il libero professionista, maggiore sarà la sua sicurezza, sia economica, ma anche personale.

Lavorando con contratti a termine, non si ha a che fare con Clienti, ma con le Aziende, e *per raggiungere una certa sicurezza, devono essere numerose quelle disposte a farti dei contratti*. Le Aziende non sono i clienti del libero professionista, ma sono dei soggetti il cui scopo principale è il guadagno. Con l'aumento della disoccupazione, e la crescente domanda di lavoro, che oggi supera abbondantemente l'offerta, le Aziende hanno ampia possibilità di scelta, anteponendo il guadagno al rapporto di fiducia, di crescita e di formazione di un singolo lavoratore. Ecco perché rendere troppo flessibile il mercato del lavoro, da alle aziende il coltello dalla parte del manico. Una soluzione potrebbe essere una via di mezzo, con contratti a termine più rigidi, con obbligo di riassunzione dello stesso lavoratore, raggiunte determinate caratteristiche. Alcune regole a tutela del lavoratore sono state introdotte, ma non a sufficienza.

Tra gli effetti negativi più devastanti di questa riforma, c'è che i nuovi "Centri Per l'impiego" sempre meno trasparenti, hanno scaricato alle agenzie private il compito d'intermediazione tra lavoratori e datori di lavoro, e non hanno più tenuto conto dello stato di disoccupazione, elemento fondamentale, assieme al carico familiare, nella precedenza per l'ingresso in un'azienda, soprattutto statale.

Il risultato è un altro duro colpo alla Democrazia, chi lavora sono sempre e continuamente le stesse persone, facenti parte a giri Politici, di Amicizie e di Parenti risalenti alle agenzie private e alle Aziende che devono fare le assunzioni.

UNA STRANA POLITICA NAZIONALE E ESTERA

Giuliano Amato

Con la Scalata della Sinistra alla **Democrazia Cristiana**, si arriva ad un Pentapartito a guida **PSI** (Partito Socialista Italiano). Intanto si avviano le indagini di *Mani Pulite*, si cominciano a scoprire giri di tangenti e di corruzione tra uomini politici e imprenditori. I numerosi mandati di garanzia scaturiti dalle indagini di **Antoni Di Pietro,** sferrano un duro colpo sia alla **DC** ma anche al **PSI**, che schiacciati dall'opinione pubblica negativa, si sciolsero, decretando la fine della **Prima Repubblica.**

46

Giro di mazzette e tangenti, corruzione, soldi sottratti allo stato per uso personale da parte dei politici, spreco di denaro pubblico. *Fatti molto gravi, e un uso del denaro improprio che portò l'Italia a stampare moneta per colmare la carenza di liquidità, con conseguente svalutazione della Lira*, moneta corrente fino al 2002. Il Marco Tedesco e il Franco Svizzero valevano più di Mille volte, e anche il Franco Francese valeva molto di più.

Nonostante tutto ciò, la Politica principale era sempre rivolta al bene del Paese, si continuava **Costruire sia Infrastrutture**, si effettuavano le **manutenzioni** delle opere pubbliche, l'edilizia privata andava molto bene; C'era lavoro per tutti, operari, liberi professionisti, e anche per altri settori. Sempre più soldi venivamo investiti nel **Welfare** (sistema di servizi e assistenza ai cittadini da parte dello stato, **Settore Terziario**) e investimenti per migliorare la **Sanità pubblica**. Le grandi, *ma soprattutto la piccola e media impresa non aveva carenza di liquidità*, tutto andava bene. *Il fattore negativo era la svalutazione crescente della lira*, e il **debito pubblico** che continuava ad aumentare, ma non esageratamente.

Il benessere del Paese, spingeva i cittadini a investire, e spendere, nel mercato dell'Auto, naturalmente in quello alimentare, nell'abbigliamento, Immobiliare, ristrutturazioni, in tutti i settori, assicurando allo stato grossi introiti fiscali, derivante dalle imposte, soprattutto l'**IVA**, ma anche altre.

Nel 1992, con l'insediamento del 1° governo **Amato**, **il potere si sposta a Sinistra**. Molte delle formazioni, di sinistra incorporeranno in se la parola Democrazia, (Partito Democratico, Democratici di sinistra, Social Democratici etc.), ma la Politica *dal 1992 in poi non è più a servizio del cittadino ma al servizio del Capitalismo e delle Banche*, i componenti ed esponenti dei nuovi partiti, sono spesso Banchieri, o gente collegata direttamente o indirettamente a grossi interessi a favore di questi.

Inizia l'era di **Amato, D'Alema, Mario Draghi, Bersani, Ciampi, Napolitano, Prodi, Dini** e **Berlusconi**, infine **Monti, Renzi, Letta,** e **Gentiloni.**

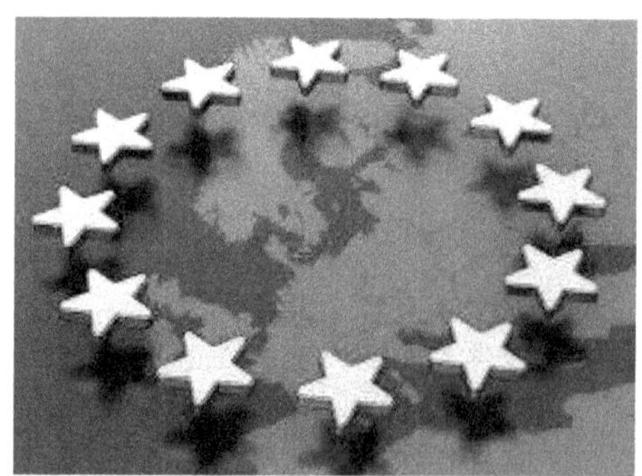

UE

Il primo Novembre 1993 a Maastricht (Paesi Bassi), nasce l'unione Europea (UE). Diversa dall'**Onu** o le **Nazioni Unite**, non è una semplice collaborazione tra stati per assicurare il benessere comune ed evitare conflitti, ma ci s'incammina verso una fusione, obbiettivo finale gli **Stati Uniti D'Europa**. Come a voler imitare l'organizzazione degli **Stati Uniti**.

Cosa assolutamente impossibile, poiché gli Stati che compongono gli USA (Stati Uniti), parlano tutti la stessa lingua, hanno le stesse tradizioni, non hanno la sovranità e la personalità degli stati Europei, e hanno un Economia che li accomuna.

Cosa completamente differente in Europa *soprattutto per le Economie dei Paesi* che sono molto diverse tra di loro. Il primo passo verso la fusione fu quello della Moneta Unica, **l'introduzione dell'Euro**, concretizzatasi nel 2002.

Si sono messi allo stesso passo Stati con una forte Moneta e stati con una moneta molto più debole, che sopravvivevano stampando moneta, cioè con l'inflazione.

Un Governo Europeo guidato naturalmente dalle Nazioni più forti Economicamente, Francia, ma soprattutto **Germania**. Che ha preteso che gli stati che vivevano o erano abituati a sopperire alla carenza di liquidità, stampando moneta, mantenessero gli stessi ritmi delle Economie più forti. *La prima conseguenza fu l'immediata imposizione di austerità a questi paesi*. Controllo della spessa pubblica, e soprattutto divieto di Stampa monetaria, concessa solo la coniazione delle monete. La sovranità monetaria e le decisioni in questo senso passano alla **BCE** (Banca Centrale Europea).

Le conseguenze sono intuibili e subito evidenti, con il crollo delle Economie di stati come **Grecia, Italia, Spagna**, e altre, aumento della disoccupazione, mancanza di liquidità per le Banche Centrali e di conseguenza per le imprese.

La Domanda che uno qui si pone è, come hanno mai potuto queste Nazioni, accettare una cosa del genere? *Avevano all'interno di se gente con ideologie politiche molto pericolose, o che non capivano nulla di Economia.*

Questo vale ancor di più per l'Italia, che con l'**IRI** era vista come esempio da altri Paesi, come modello di economia. Fino al 1992 L'**IRI** (Istituto per la Ricostruzione Industriale) chiude con un Bilancio nettamente positivo. Ancora nel 1993 era il settimo conglomerato al mondo per dimensioni.

L'**UE** gli *ha chiesto di smantellarla, contraria ai loro principi Europei nelle politiche economiche. Cosi poi è stato.*

Comincia un periodo di Austerità imposta dalla **BCE**, Le Maggiori Banche Italiane hanno sempre *più mancanza di liquidità, che coinvolge le grandi, ma soprattutto la piccola e*

Media Impresa, con difficoltà a pagare i fornitori e le scadenze fiscali. Molte di queste aziende sono fallite. Non ci sono più soldi per le grandi ma soprattutto necessarie opere infrastrutturali, le manutenzioni, che con il loro indotto coinvolgevano molte imprese private. L'edilizia privata si blocca. Aumenta la disoccupazione in modo esponenziale.

I posti di lavoro diminuiscono, a questo si aggiunge un fattore statistico: *L'ingresso sempre più numeroso della Donna nel mercato del lavoro.* Non facciamo polemiche o discorsi sulla parità dei sessi o altro, non è la sede questo libro, per aprire un discorso così lungo e complesso. **Ci limitiamo solo e unicamente a comunicare il Dato Statistico**: I posti di lavoro sono sempre gli stessi o sono diminuiti, se prima maggiormente lavoravano solo gli Uomini, ora con l'arrivo delle donne, il numero di chi è in cerca di lavoro è quasi raddoppiato, e come detto prima i posti sono gli stessi. Qualcuno per forza di cose dovrà starsi a casa.

Mentre prima le tradizioni familiari volevano, l'uomo al lavoro e la donna Mamma casalinga, adesso la donna con la sua emancipazione è scesa prepotentemente in campo, con il risultato descritto al paragrafo precedente. Un nuovo problema di cui lo stato dovrà occuparsi e trovare delle soluzioni.

La Sinistra a spinta **Conservatrice**, si dimentica del Progresso, e investe molto sul settore terziario e **Welfare**, aumentando uffici pubblici per la ricerca di lavoro (una copia dei "Centri per L'impiego), per assistenzialismo, soprattutto non per gente Italiana, ma per gli Immigrati. I costi non sono indifferenti e l'efficacia è tutta da provare, se non quella di incoraggiare l'immigrazione. I paesi soprattutto Africani, sapendo di essere trattati molto bene, decidono sempre più numerosi di arrivare nel nostro paese, aggiungendosi alle difficoltà già presenti.

Questa Politica, volta a favorire l'Immigrazione è stata sollecitata dall'**UE**, con dei fondi che non hanno coperto le spese complessive, la maggior parte c'è li ha messi l'Italia. Un altro mistero è la presenza continua do **ONG** (Organizzazioni non governative), Navi per lo più Francesi e Tedesche pronte a raccogliere immigrati da qualsiasi parte e portarli in Italia, proprio come sta succedendo adesso nel 2020, mandando in Tilt L'isola di Lampedusa, e con il rischio del Covid-19.

L'**UE** dopo aver fatto quasi fallire l'Economia, vuole riempire anche il paese di Immigrati, per renderlo un Paese sempre più debole e in difficoltà, ai margini dell'Europa facilmente comandabile. Questa è l'unica analisi che si può fare, vedendo il comportamento.

Per quando riguarda la **politica per Edilizia**, qualcosa di positivo arriva dalla politica conservatrice di sinistra, con incentivi per le ristrutturazioni degli immobili privati, soprattutto nei centri storici, con ristrutturazioni delle facciate esterne degli Edifici. Determinate regole nell'esecuzione, hanno reso ancora più belli i centri storici, e gli edifici stessi, allontanando lo spettro dell'abbandono di questi luoghi. Si è avuta una crescita di lavoro per Imprese e Liberi professionisti.

Sempre ad opera della Sinistra, sono stati costruiti molti musei, in edifici Storici o abbandonati. Tanti soldi spesi per le ristrutturazioni, e per il personale, per creare Musei di scarso interesse, e con poca affluenza di pubblico, spesso poi chiusi e abbandonati. I Turisti hanno preferito sempre i musei principali o più famosi di ogni Città visitata.

Centro Commerciale

Le uniche grandi Opere in questo periodo sono i **Centri Commerciali**. Centri Commerciali, che non si sa precisamente ad opera di chi, sembrerebbe con l'intervento dei colossi della finanza mondiale, Francese come il gruppo "**Auchan**", o Americana, ma anche grossi imprenditori Locali. L'impatto di questi Colossi del Commercio è da analizzare, perché se da un lato hanno creato molti posti di lavoro, da l'altro hanno fatto chiudere le piccole botteghe e Supermercati locali.

Il nuovo comportamento della popolazione, l'esigenza di uno svago o una gita della domenica, è stato anche determinante nello spingere gli imprenditori verso le costruzioni di questi colossi.

Tutti i posti di lavoro creati con discutibili e meno discutibili progetti, sempre in modo meno trasparente, hanno un lato oscuro, quello delle assunzioni. Grazie alla nuova riforma del lavoro, come abbiamo visto nel capitolo a questo dedicato, non si è tenuto conto di elementi importanti: **Le competenze, la Disoccupazione e il Carico Familiare**. Tutto si fa' per fini politici, per ottenere nuovi voti, o per un giro di parenti e amici.

Quando si costruiscono colossi, come Centri Commerciali Immensi, con migliaia e migliaia di assunzioni, non si può mettere da parte "Il Centro Per L'impiego Statale" e i requisiti elencati nel paragrafo precedente, perché altrimenti lavoreranno sempre le stesse persone, a scapito del Merito e dei diritti acquisiti. Purtroppo è quello che ancora oggi continua a succedere.

IL PERICOLO IDEOLOGICO

(Fascismo, Comunismo, Fanatismo religioso, Massoneria)

Hitler e Mussolini

Il **Fascismo** si contrappone alla **Democrazia**, in quanto il potere viene imposto direttamente dall'alto, senza il voto del popolo, com'è successo nel 1922 con la Marcia su Roma, con un colpo di Stato, si è insediato al Governo un Regime di Potere fatto di Uomini non Eletti dal Popolo.

Sebbene durante il *Fascismo* non ci furono solo cose negative, non era contro la piccola proprietà privata, furono attuate Politiche Economiche che diedero i suoi risultati, e anche altro, alla fine fu bocciato dal consenso popolare e finì come tutti sappiamo.

Il motivo principale fu il modo molto violento con cui venivano imposte le politiche, le leggi e le regole, con uccisioni, pene corporali, imposizioni mal digerite. *Un modo di governare coercitivo, ottenendo l'obbedienza con il terrore, poca libertà di esprimere opinioni, soprattutto per i giornalisti.*

L'alleanza con Hitler, che compì la strage degli Ebrei, e che voleva conquistare gli stati vicini, fu la goccia che fece traboccare il vaso, *il Fascismo fu definitivamente considerato come un fenomeno negativo, assolutamente da evitare per i prossimi governi.*

 **Simbolo del comunismo**

Il Comunismo nelle sue forme estreme, vuol mettere tutto in comune, **lavoro, proprietà e mezzi di produzione**, in modo che tutta la comunità può usufruire di tutto ciò, in modo egualitario, appiattendo le differenze sociali.

In poche parole vede come una minaccia, chiunque della popolazione comincia a farsi strada. Gli imprenditori che cominciano a ingrandire le proprie aziende, chi acquista proprietà su proprietà, come case, alberghi, palazzi, etc.

Uno stato comunista, a come scopo quello di avere tutto in mano sua. Anche le piccole proprietà private, in modo da decidere cosa farne, chi li deve abitare, come si deve usufruirne. Se si riuscirebbe a realizzare qualcosa del genere, il potere decisionale di chi governa sarebbe grandissimo, specialmente quello individuale su ogni persona, che dipenderebbe totalmente dallo Stato Comunista. ***Un potere totalitario pericoloso, che se poi nelle mani sbagliate, diventerebbe catastrofico.***

Proprio per questo una parte dei Pensatori *Comunisti* si distaccarono da queste idee estremiste, e fondarono il **Partito Socialista,** con molte delle stesse idee, ma più moderate, democratiche, e anche liberali.

Anche il **Fanatismo religioso** è molto pericoloso. Nell'ambito dell'adesione a un particolare credo o sistema di credenze, è l'atteggiamento di chi vi si riconosce e s'identifica in maniera particolarmente esasperata, in modo da giungere «ad eccessi e alla più rigida intolleranza nei confronti di chi sostenga idee diverse».

Un Credo può essere quello in Divinità, Alieni, Il Diavolo etc., o avere l'assoluta convinzione che l'essere supremo e dalla propria parte.

Anche le associazioni Criminali hanno delle **ideologie** ben precise.

Massoneria

Quando ci si riunisce e si fa un patto di fratellanza morale molto forte in nome di un ideologia, per portare a termine e ad ogni costo un determinato scopo, nasce una Società Massonica. Di solito questo scopo è una visione distorta del bene comune, che alla fine è il bene di chi ne fa parte e ne aderisce, e il male di tutti quelli che la pensano diversamente.

Il pericolo della Società Massonica o Massoneria, diventa esponenzialmente più pericoloso quanto è più alto il livello Culturale, di conoscenza delle cose, di potere Economico, il numero di persone importanti e influenti che ne aderiscono.

Oggi si parla di una società massonica mondiale molto forte, costituita dai colossi mondiali della finanza, persone molto influenti, e gente molto competente in ambiti specifici:

(Medicina, Scienze Economiche, Fisica, Chimica, Astronomia, Climatologia, Psicologia, Etc.), *allo scopo di perseguire il bene mondiale o quello delle persone Elette.*

Una concezione di Bene mondiale che come abbiamo già parlato nei primi paragrafi, in queste associazioni è sempre distorta, un bene comune che può essere invece un vero pericolo per il mondo.

Questo pericolo è molto grande per due motivi fondamentali: l'ingente quantità di denaro che hanno a disposizione, e che lo mettono al servizio di gente con grandi competenze scientifiche.

L'ETICA E LA MORALE COMUNE

Sia nel capitolo precedente, che in questo stiamo facendo un breve excursus, sul tema principale di questo libro ma fondamentale per analizzare meglio quello di cui abbiamo già parlato nei precedenti capitoli, e soprattutto per quelli successivi.

"L'etica (termine derivante dal greco antico **èthos**, "carattere", "comportamento", "costume", "consuetudine") è una branca della filosofia *che studia i fondamenti razionali che permettono di assegnare ai comportamenti umani uno status deontologico, ovvero distinguerli in buoni, giusti, leciti, rispetto ai ... comportamenti ritenuti ingiusti, illeciti, sconvenienti o cattivi* secondo un ideale modello comportamentale (morale)."

E' una riflessione intorno al comportamento pratico dell'uomo, che intende indicare quale sia il vero bene e quali i mezzi atti a conseguirlo, quali siano i doveri morali verso se stessi e verso gli altri, e i criteri per giudicare la moralità delle azioni umane.»

Un insieme di norme e valori che regolano il comportamento dell'uomo in relazione agli altri, sia un criterio che permette all'uomo di giudicare i comportamenti, propri e altrui, rispetto al bene e al male.

Anche se **Etica** e **Morale** sembrano due termini a indicare la stessa cosa, vi è una differenza: La Morale tende a considerare l'insieme delle norme e valori sociali come un dato di fatto e li accetta cosi come sono, l'etica tende invece a studiarli per capire e dare una spiegazione razionale, logica, e come hanno avuto origine.

Dare una spiegazione dell'origine di queste regole, non è facile, *ma tutto deriva dalla coscienza e consapevolezza dell'uomo che ha in un dei suoi momenti più profondi, di lucidità mentale, consapevolezza, data da uno stato di coscienza superiore*, che può essere ispirata dalla pratica e fede religiosa, dalla meditazione, da una particolare ispirazione.

La Maggior parte di noi, spera che queste illuminazioni vengano da un essere superiore e supremo (Dio), che sia benevolo con gli Uomini e che li guidi verso la giusta direzione. Perché si è anche pienamente consapevoli della debolezza dell'Uomo, della sua parte più oscura, che ha portato in passato a devastanti guerre o comportamenti quotidiani a danneggiare gli altri individui. Questo è ancora più grave, quanto chi agisce in modo scorretto è a capo di Istituzioni o al Governo di un Paese intero, con la possibilità di fare danni irreparabili che coinvolgono tutti.

Questi momenti di coscienza superiore e ispirazioni, a volte sono il dono di poche persone, di un gruppo, a volte anche di una sola persona molto carismatica.

Si pensi a coloro che hanno scritto la *Costituzione*, che hanno creato le *Istituzioni, gli enti, le leggi*. O quelle persone carismatiche che hanno ispirato le Religioni: *Cristianesimo, Buddhismo, Induismo, Islam* etc.

Altre volte sono insite nell'uomo stesso e nella sua natura, come il considerare **la Famiglia** un istituzione morale e anche sociale (perché riconosciuta giuridicamente), molto importante per la società, un punto di riferimento, il perno.

L'ECONOMIA INTENAZIONALE DOPO L'INTRODUZIONE DELL'EURO, SPECULAZIONI FINANZIARIE, DEBITO PUBBLICO

Il **1° Gennaio 2002** anche in Italia, come negli altri paesi dell'**UE**, entra in circolazione l'**Euro** (€), che diventa la moneta ufficiale.

Una delle prime conseguenze alla sua entrata, sono state le speculazioni interne. Molti settori, ma non tutti, hanno speculato approfittando della confusione generata dal cambio, *raddoppiando il prezzo delle loro merci o servizi*. A questo l'associazione consumatori e organi di controllo sono stati molto attenti, quindi soprattutto per i generi alimentari e di prima necessità, questo pericolo è stato scongiurato, però anche se non raddoppiati, i prezzi hanno subito comunque un aumento molto rapido, sempre più alto col passare degli anni.

Molti Furbi invece hanno raddoppiato i prezzi, e una volta che l'hanno fatto, sono rimasti tali, senza un ripensamento. Questo oltre che per la vendita di determinate merci, anche per servizi erogati da alcuni liberi professionisti.

Ma quello in cui ha influito maggiormente, è stato il mercato Immobiliare. Se prima un immobile abitativo costava 100 Milioni di lire, adesso è diventato 100.000 Euro che sarebbero 200 Milioni di lire. Magari un pò più basso 90.000 € Ma siamo quasi al doppio. Questo anche per gli affitti, che hanno avuto lo stesso tipo di aumento. Gli stipendi sono rimasti gli stessi o con una leggera inflazione, chi guadagnava 2 Milioni di Lire al mese, con l'Euro ne guadagna 1000, che corrispondono 1.940.000 Lire.

Fortunati i già proprietari, ma chi ha dovuto comprare casa dopo l'introduzione dell'Euro, ha sborsato molto di più, ***e i meno benestanti hanno dovuto contrarre un mutuo molto pesante, trovandosi in grande difficoltà. Grandi difficoltà anche per gli studenti e lavoratori fuori sede, con affitti proibitivi, specialmente al Nord Italia.***

Al Sud questo fenomeno è stato un pò più ridimensionato, ma c'è comunque stato, specialmente nelle Grandi Città. *Le speculazioni Immobiliari si sono ripercosse pesantemente anche sulle casse statali, con affitti raddoppiati da pagare ai privati per i grandi complessi immobiliari che ospitano gli uffici Pubblici..* Uffici collocati in Strutture non di proprietà dello stato.

Già con quello abbiamo detto, si è capito subito che l'Euro non ha avuto un impatto per nulla positivo, ma le cose non finiscono qui…

Il Controllo della Stampa di Banconota ora passa alla **BCE** (Banca Centrale Europea), che è formata dalle quote azionarie di tutte le Banche Centrali Nazionali di ogni Paese membro dell'UE. La BCE Stampa le Banconote tramite queste Banche, Principalmente:

SPAGNA, FRANCIA, GRECIA, ITALIA, PORTOGALLO, GERMANIA, E SOCIETA' PRIVATE.

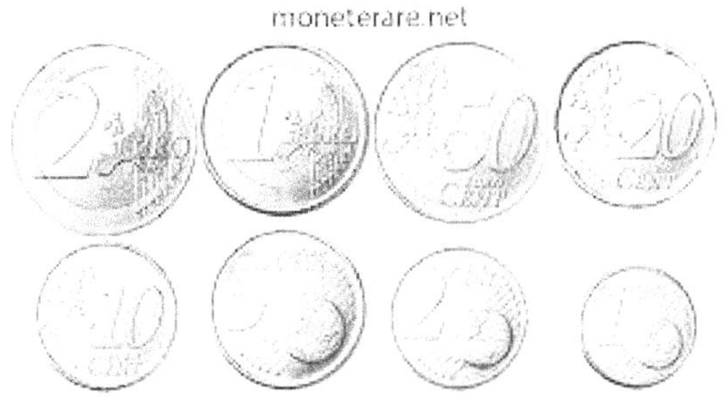

La coniazione della moneta è a discrezione di ogni singolo Paese, anche se possono circolare in tutta l'UE, simbolicamente un lato è uguale per tutti, l'altro è diverso, a secondo il paese dove viene coniata. Anche se hanno campo libero per la stampa di moneta, è logico che la liquidità che si può produrre e molto limitata, non sufficiente alle esigenze di un Paese.

La stampa di Cartamoneta è sotto le ferree leggi dell'UE, e della BCE. La Politica messa in atto è quella che perseguiva la Germania prima dell'Euro, cioè regole di Bilancio molto rigide, non deve chiudersi in negativo, e limitare il più possibile l'inflazione. Una Politica che ha portato l'Euro a diventare una moneta molto forte, ancora più del Dollaro, che oggi vale meno. Per comprare un Dollaro ci voglio 0,85 €. (Una moneta forte non è sempre un fattore positivo, come vedremo nel capitolo dedicata all'economia cinese.)

Una Politica, sostenibile dalla Germania, dalla Francia che avevano monete più forti, ma non da stati come Italia, Grecia e altri che facevano fronte alle difficoltà e carenza di liquidità stampando Cartamoneta, e quindi inflazione, se pur sempre controllata. *Quello che sta succedendo adesso. Con le regole della BCE. è carenza di liquidità per gli stati più deboli, che vuol dire maggiore indebitamento, pagare Interessi, Carenza di liquidità per Banche Interne e poi per le imprese* (sempre più in difficolta).

La carenza di liquidità per le Banche interne al paese, è un fattore molto negativo, perché il denaro diventa sempre più merce rara, con aumento dei tassi d'interesse, e maggiori restrizioni per poter prestare denaro, specialmente alla piccola e media Impresa, che si trovano spesso in difficoltà. Le conseguenze sono, trovare denaro altrove, nel peggiore di casi agli usurai, non far fronte al pagamento dei fornitori e di tasse e imposte. Conseguenza il Fallimento.

L'Italia, specialmente la Sinistra, ha rincarato la dose, con ritardi nei pagamenti per servizi e merci ordinate dallo stesso stato a queste imprese, nessun'agevolazione per far fronte a Tasse e Imposte, con more molto alte per ritardi di pagamento, una lenta Burocrazia in caso di errori a favore delle Imprese, e altro. *Come se fosse un'ideologia comunista, a voler di proposito far fallire le imprese, per farle sparire.(Argomento di cui abbiamo trattato nel capitolo sulle ideologie).*

Ritornando al **Debito Pubblico**, sempre crescente per la carenza di liquidità, la cosa più assurda, e che *gli ingenti interessi pagati dall'Italia ogni anno, non vanno alla stessa Banca d'Italia* (Che partecipa alla stampa di Denaro e all'Emissioni di Titoli per conto dell'UE) *ma a Banche Estere, Portogallo e altri Stati.* Ingenti somme che potrebbero essere investite nel nostro Paese.

Tutto questo ha azzerato gli investimenti per il progresso, nuove strade, ferrovie (Ancora molto lente), costruzione di Ponti, Carceri, Alloggi Popolari e soprattutto manutenzione, purtroppo come stiamo vedendo, sta crollando tutto.

Ancora, la nascita dell'Euro, *ha innestato uno scontro con il Dollaro, dove è molto facile speculare, comprando titoli in Dollaro o in Euro per poi rivenderli al momento giusto, e guadagnare sulla variazione del tasso di cambio*. Questo giochetto molto fruttuoso, ha spostato l'attenzione degli investitori più ricchi, che hanno tolto il loro denaro da investimenti più concreti, che potrebbero essere molto utili per il benessere comune.

Che dire concludendo, **l'introduzione dell'Euro, più che un fattore negativo, sembra un qualcosa di devastante.**

L'ESPANSIONE ECONOMICA CINESE

Agli inizi degli anni '1980 già comincia il suo avanzare, nel 1992, definisce la sua economia di stampo Socialista, anche se presenti all'interno modelli Socialistici, *alla fine è un Economia di tipo Capitalistico-Comunista*, abbastanza totalitaria. Scopo è proprio ridurre le diseguaglianze sociali, ma accentrando tutto nelle mani dello stato.

La proprietà Agricola, e quella privata, sono soggette a ferree leggi statali, dove con nuove riforme, si è garantito un certo tipo di proprietà privata, acquistando dallo stato un diritto di Godimento del Bene (una specie di Usufrutto).

La durata è diversa per i terreni e per le abitazioni, dove in quest'ultima è molto più lunga.

Anche l'imprenditoria è soggetta a numerose leggi statali, tanto che per ogni tipo di società, bisogna saper trovare le giuste soluzioni, per aggirare le restrizioni, che dipendono dal tipo d'impresa, dalla grandezza, dal numero di operai e altri fattori.

Shanghai

Proprio a Shanghai si trova il cuore finanziario della Cina.

A meta degli Anni '90 inizia la sua impennata, ***dal 2000 in poi comincia a crescere senza limiti e in modo esponenziale***, fino a oggi essere una delle più grandi potenze economiche mondiali, che lo porta a essere *tra i primi paesi esportatori al mondo assieme gli Stati Uniti*, ma anche tra i maggiori importatori.

La Crescita è dovuta alla grande produzione di Merci e Risorse che poi vengono esportate. I Numeri dei prodotti e le diversità sono molto alti, tanto da essere come già detto uno dei maggiori esportatori al mondo. Com'è potuto succedere così velocemente?

Una risposta può essere data dalla scarsa qualità della vita dei Cinesi, che dedicano anima e corpo al lavoro, con turni massacranti e ben oltre le 12 ore, specialmente per gli operai. Anche il basso prezzo dei prodotti che li rendono appetibili, che però sono realizzati con materiali con una qualità più scarsa. I Paesi compratori non hanno badato troppo alla qualità, e ancora oggi comprano tantissimo dalla Cina.

La Crescita dell'Economia Cinese a reso sempre più forte la propria moneta, tanto che ha creato un problema nel cambio, nelle esportazioni con paesi con una moneta più debole, di solito quelli più vicini. Per far fronte a questo problema ha stampato molta moneta, creando di proposito un'inflazione, per meglio rapportarsi con il cambio e avere più vantaggi. La Cina si è trovata con una grandissima liquidità, che ha investito in opere pubbliche, con uno sviluppo Infrastrutturale enorme.

GLOBALIZZAZIONE

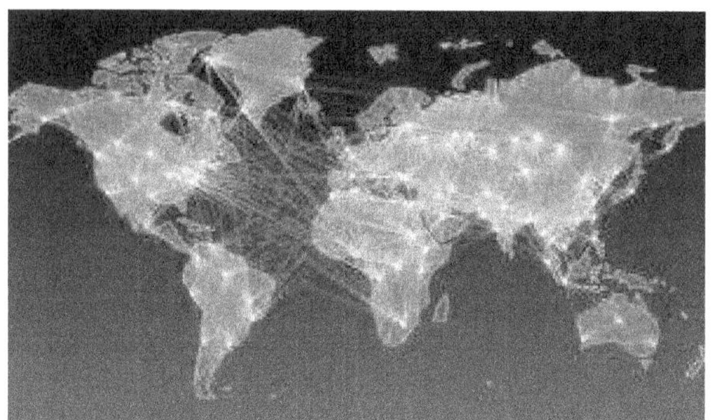

La **Globalizzazione** (conosciuta anche come **mondializzazione**) è il fenomeno causato dall'intensificazione degli scambi economico-commerciali e degli investimenti internazionali su scala mondiale, che sta crescendo sempre di più negli ultimi anni, *fino a creare una dipendenza dei Paesi gli uni con gli altri.*

Vi sono aspetti positivi e negativi, tra quelli positivi la riduzione del costo per l'utente finale, per alimenti, tecnologia, abbigliamento, e in quasi tutti i settori. Tra quelli negativi, quello di una dipendenza che si viene a creare, dai Paesi in cui si scambiano le merci, sia al fine del guadagno per l'esportazione, sia al fine di risparmiare, tramite importazioni.

Più selvaggia è la globalizzazione, e sempre più, ogni paese va incontro a una perdita d'identità e di Sovranità. Si pensi ai prodotti di alta qualità e orgoglio nazionale, sostituiti da altri esteri e più scadenti al fine di un risparmio.

Nel Capitolo precedente, abbiamo visto, che con una moneta forte, la Cina ha trovato difficoltà nelle esportazioni, essendo uno dei paesi che esporta di più al mondo, con numeri giganteschi, il problema del cambio non è stata una cosa da poco, tanto che ha di proposito svalutato la propria moneta, per risolvere la questione.

Primi 50 paesi per esportazione di merci [modifica | modifica \

Lista dei paesi con le più alte esportazioni di merci. Dati della Banca mondiale [1]

# ⬍	Paese ⬍	Export in milioni di US$ ⬍	Anno ⬍
1	Cina	2.399.018	2019
2	Stati Uniti	1.652.806	2019
3	Germania	1.464.383	2019
4	Giappone	697.521	2019
5	Francia	595.428	2019

Tornando in Europa, prima dell'Euro e della Globalizzazione, i paesi con la Moneta più forte **Germania** e **Francia**, e anche tra i maggiori Esportatori, si sono trovati davanti allo stesso problema della Cina. Non hanno svalutato le proprie monete, ma con l'introduzione dell'Euro e una moneta unica hanno risolto il problema in un altro modo, guadagnandoci molto. La prima cosa che viene di pensare è che l'Euro non è stato introdotto per un bene comune, ma per la convenienza di pochi paesi. Per gli stati più deboli non è stato così e già ne abbiamo parlato ampiamente nei precedenti capitoli (**L'Economia Internazionale dopo l'introduzione dell'Euro. Speculazioni finanziarie e Debito Pubblico**).

La Politica dell'UE si sta muovendo per una **Globalizzazione Selvaggia**, non solo tra Paesi Membri, ma anche in tutto il mondo, **come il CETA patto siglato con il Canada** ed entrato in vigore in modo provvisorio (Fortunatamente). L'UE vuole rimuovere tutti i dazi tra Paesi membri, *creando un'interdipendenza molto pericolosa.*

Globalizzata l'Economia dei Paesi membri dell'UE con l'introduzione dell'Euro, *automaticamente scatta una reazione a catena*; Come vediamo nella tabella raffigurata in questo capitolo, gli **USA** sono uno dei paesi che esporta più al mondo, anche in Europa, mentre prima aveva a che fare con tante monete diverse, adesso solo con l'Euro.

Un' unica moneta al posto delle 32 che c'erano prima rende molto più semplici e razionali gli scambi commerciali tra Stati Uniti ed Europa.

In Italia Grandi quantità di Merci, stanno arrivando dalla Cina, anche con un grosso inganno, *perché anche se prodotti cinesi di qualità molto scarsa, vengono considerati Italiani solo perché confezionati ed etichettati qui da noi.* Non solo dalla Cina, ma anche da altri paesi stiamo importando prodotti, soprattutto nel comparto cerealicolo (da Francia, Romania, Ungheria) e Agrumicolo (Tunisia e Marocco). L'Italia non è da meno nella produzione di questi alimenti e molti altri, con prodotti di ottima qualità ed eccellenza. Allora perché importare? Chi ha favorito questa Politica?, ma non solo i prodotti importati da paesi con Climi particolari, favoriscono la formazione di *micotossine* sugli alimenti (funghi e muffe, nocive per la Salute), che poi devono affrontare anche un lungo viaggio per arrivare da noi. *Con l'aumento sempre crescente di questo tipo d'Importazioni, molti Agricoltori, coltivatori, allevatori etc. sono a rischio di fallimento.*

In questo senso molto può fare ogn'uno di noi, comprando il più possibile, prodotti *Made in Italy* e confezionati con materie prime prodotte in Italia. Non solo per gli Alimenti, che è importante per la nostra salute, ma anche in altri settori, come l'abbigliamento. Qui ci riferiamo ai prodotti cinesi e dei negozi cinesi, che spesso sono realizzati con materiali di scarsa qualità, anche questi possono causare problemi di salute come allergie della pelle.

Altri prodotti può essere conveniente comprarli da importazioni, perché ci può essere un notevole risparmio e avere lo stesso un'alta qualità, a fronte di prezzi molto costosi di quelli Italiani, specialmente per gente che non se lo può permettere.

Infatti se è un fattore negativo la *Globalizzazione Selvaggia*, anche una politica *eccessivamente o totalmente Protezionista* può esserlo. Bloccando l'ingresso di ogni merce, si crea un isolamento per il quale tutti i prodotti necessari per la sopravvivenza devono essere prodotti all'interno dello Stato, con conseguente aumento dei prezzi, isolamento da altre tecniche, culture, tradizioni e consigli fondamentali.

La migliore soluzione sta nella via di mezzo, *con un'attenta analisi di cosa si Esporta, di cosa si Importa*, e in base ai dati analizzati, mettere dei *dazi, Aumentarli, diminuirli, toglierli, o fare un negoziato ben preciso* con ogni Paese in modo da ottenere un vantaggio per entrambi.

Lo stesso discorso vale per l'**Immigrazione**, che se selvaggia, può portare a grosse difficoltà al nostro Paese, che già ne ha tante per la crisi Economica, la disoccupazione, il Virus, e molto altro. In questo periodo per far fronte alla crisi gli Italiani stanno ritornando a fare lavori umili come Badanti, Pulizie, lavorare in Campagna. Sempre più numerosi, vengono assunti immigrati, perché si accontentano di una paga molto bassa e senza diritti, come essere messi in regola. Soprattutto in Campagna i proprietari delle coltivazioni preferiscono la manodopera straniera per avere un maggiore guadagno, e gli Italiani sono costretti a rimanere a casa. Molti che dall'Africa, ma anche da latri Paesi che arrivano in Italia, non trovando Lavoro, delinquono, contribuendo ad allargare il traffico di stupefacenti. Oggi molte Piazze di Città importanti sono invase da questa gente che Spaccia Droga, come testimoniato anche da programmi televisivi. Molti arrivano in Italia non per cercare lavoro, ma solo perché sanno che sono trattati benissimo dalla Politica Europea, con dei fondi giornalieri stanziati appositamente per ognuno di loro.

L'Immigrazione se ben regolamentata, con precisi negoziati con i paesi di provenienza, può essere l'occasione per conoscere nuove culture, usi e tradizioni, e farne patrimonio. Ma senza far si che invada la nostra e addirittura cerchi di sostituirla, com'è successo per il discorso del Crocifisso. Se gli Italiani a causa della forte crisi economica continuano a non fare figli, e si continua a permettere un'immigrazione senza limiti e regole, si rischia anche una sostituzione razziale. *Apertura alle altre culture va bene, ma sempre prima gli Italiani, anche perché il nostro paese si trova in una crisi talmente profonda, che adesso deve pensare solo a se stessa, e non può dedicarsi agli altri, in questo momento non è in grado di ospitare nessuno, anche perché c'è un pericoloso Virus in circolazione.*

SI PUO' USCIRE DALL'EURO?

#	Paese	Export in milioni di US$	Anno
1	Cina	2.399.018	2019
2	Stati Uniti	1.652.806	2019
3	Germania	1.464.383	2019
4	Giappone	697.521	2019
5	Francia	595.428	2019
6	Corea del Sud	561.963	2019
7	Paesi Bassi	554.107	2019
8	Hong Kong	547.675	2019
9	Italia	510.894	2019
10	Regno Unito	475.657	2019

Guardando questa tabella possiamo vedere che l'Italia prima dell'introduzione dell'Euro, pur avendo un Economia molto diversa dalla Germania, e anche adesso, *si trova tra le prime 10 potenze economiche al mondo*, e qui facciamo riferimento alle esportazioni, che un parametro molto importante per valutare il benessere e la ricchezza di un paese.

Se l'Italia decidesse di uscire da sola dalla moneta unica, ritornerebbe ad avere una moneta sicuramente debole, che sia il ritorno alla lira, o una nuova moneta, rispecchierebbe l'economia che aveva prima dell'introduzione dell'Euro.

Con una moneta diversa da tutti gli altri paesi dell'UE, *il primo impatto con cui si deve fare i conti è il commercio internazionale*, importazioni ed esportazioni. Con una moneta più debole e inflazionata rispetto agli altri paesi UE, sicuramente l'Italia, essendo tra i primi 10 paesi esportatori al mondo, avrebbe dei vantaggi, guadagnando sui tassi di cambio. Qualche difficoltà in più potrebbe nascere nelle importazioni, portando all'aumento del costo finale di alcuni prodotti per l'acquisto al dettaglio. Bisognerebbe fare un'analisi ben precisa dell'impatto di questi aumenti.

Sicuramente le imprese sarebbero avvantaggiate, con un aumento dei guadagni, e potrebbero portare lavoro e benessere nel paese, tanto da non risentire gli altri fattori negativi, di cui al paragrafo precedente. Tutto questo potrebbe non essere visto di buon occhio, dai restanti paesi, che per ritorsione potrebbero mettere dei dazi.

La sovranità Monetaria è molto importante per il benessere di un Paese, per creare la piena occupazione, costruire tutte le infrastrutture necessarie, farne la manutenzione, creare un Welfare e Sanità efficiente e molto altro. Si può creare la liquidita necessaria a far fronte a tutte le problematiche, e i soldi

(Titoli Bancari) che vengono prestati (Emessi) dalla Banca D'Italia al Governo, verrebbero restituiti e poi pagati gli interessi, con un giro di denaro sempre all'interno dei nostri confini, contribuendo ulteriormente alla crescita della nostra economia.

Ma la sovranità è una grande responsabilità, e il Governo dovrebbe essere composto da gente molto competente, responsabile, con alti valori e ideali (Non so se in questo momento è così), perché se si fa un abuso di questo grande potere, *si rischia di inflazionare eccessivamente la moneta, fino a rendere carta straccia i nostri titoli di stato*, soprattutto per gli acquirenti internazionali, che non ne comprerebbero più, con il rischio di fallimento. Infatti, tra i molti azionisti della Banca d'Italia sono presenti le Banche Italiane più importanti, Assicurazioni, alcuni Enti come l'Inps, ma anche investitori stranieri, come potenti famiglie americane.

Un Uscita dall'Euro è possibile se anche gli altri paesi dell'UE, soprattutto quelli con le stesse difficoltà dell'Italia decidessero di uscire, a questo punto anche Germania e Francia, perché non sarebbe più conveniente anche per loro. *Se tutti i paesi UE di comune accordo con una collaborazione delle Banche Centrali di ogni Paese, decidono di uscire tutti insieme, è possibile ritornare alla sovranità monetaria di ogni Paese.*

TORNIAMO IN ITALIA

Giuseppe Conte

La Sinistra dei vari **Renzi, Prodi, Dini, D'alema** e altri, che si chiamano *Partito Democratico*, e poi la loro Politica sembra di estrema sinistra, Capitalista-Comunista, come a volere accentrare un potere totalitario non allo stesso stato, ma consegnarlo all'**UE** e le sue contraddizioni.

Nonostante la carenza di liquidità dovuta alle leggi Europee, per le imprese in difficoltà, lo stato anziché venire in contro per sostenerle, ha rincarato la dose, con pesanti more per le scadenze fiscali e tributarie pagate in ritardo, in caso di errori del fisco, una burocrazia lenta, con sentenze in grandissimo ritardo o mai arrivate per i rimborsi. Si è arrivati al punto che lo stato non ha pagato merci e servizi richiesti alle imprese private, ho lo ha fatto con grande ritardo. Come se volesse farle fallire a ogni costo, per un progetto comunista. Ci hanno provato anche con la proprietà privata, mettendo in difficoltà i titolari dei mutui; Le Banche infatti, hanno proposto mutui a tasso variabile, che hanno portato a un aumento delle rate del mutuo; Un aumento tale, che molti sono entrati in grande difficoltà nel pagamento da non riuscire ad arrivare a fine mese, altri hanno rischiato di veder finire la casa all'asta. Per non parlare de titoli tossici venduti ai poveri risparmiatori, e le strisce blu che in molte città arrivano al 75% rispetto alle gratuite, non in Svizzera dove tutti lavorano, ma in Italia dove non si arriva a fine mese, **Assurdo**.

Durante la successione degli ultimi Governi sono stati sferrati altri colpi alla **Democrazia**:

- **Abolizione Province** (Accentramento del potere, grande confusione per la costruzione, cura e manutenzione di strade, immobili e beni provinciali. Non si sa più chi se ne deve occupare, infatti, sta crollando tutto, strade e ponti. Il risparmio non è stato cosi evidente.)
- **Abolizione Parlamentari** (A fronte di un risparmio non così importante, meno parlamentari ci sono meno democrazia c'è in parlamento.)
- **Abolizione Finanziamento ai Partiti** (Un altro risparmio che ha dato un forte potere decisionale a chi nel partito esce più soldi, e non al popolo. Qui le Banche

più potenti, anche straniere possono interferire con le decisioni del partito, erogando ingenti somme di denaro.)

- **Abolizione Sistema Proporzionale** (Una nuova legge elettorale, che non assegna i seggi elettorali in modo proporzionale ai voti ricevuti dal partito, ma secondo altre regole e sbarramenti a partiti che non raggiungono una certa percentuale.)

Dall'altro lato la **Destra** che con l'uscita di **Gianfranco Fini** dalla coalizione, più che un'alleanza di Partiti, c'è un Uomo solo che decide tutto, ovviamente parliamo di **Berlusconi.** Tutto quello che ha fatto a mio parere, è stato per un interesse personale, per sfuggire alla giustizia, o per populismo, cioè solo per attirare a se voti, sostegno elettorale, per una continuità al governo*. **Durante i suoi governi, i mercati sono sempre impazziti**, e i titoli di stato perdevano valore, valutandolo in affidabile sotto l'aspetto del contenimento dei conti e della spesa pubblica.

Con il Risultato Elettorale delle elezioni per il rinnovo del Parlamento nel 2018, gli Italiani hanno dimostrato di saper rinunciare a favoritismi legati ai partiti, esprimendo un voto rivoluzionario. Dopo estenuanti consultazioni, mettendo alla prova la pazienza del Presidente della Repubblica, **Lega e M5S** trovano un accordo, con un programma elettorale che tutto sommato aveva un senso. Di Maio Proclama *"la Terza Repubblica"*.

Nasce un Governo Antieuropeista, con **Giuseppe Conte** Presidente del Consiglio. Dopo tutti gli sforzi e spreco di tempo per trovare l'accordo, era il minimo che arrivasse a fine legislatura. Ma **Salvini** e **Di Maio** cominciano a litigare, Da un lato **Salvini** (Leader della Lega) come se fosse un Imprenditore, voleva a tutti i costi la "**Flat Tax**", per creare un altro danno al nostro Paese, **abolendo il sistema proporzionale per le Imposte**. Un Sistema di applicare le aliquote alle imposte che non ha niente a che vedere qui da noi, se non per un interesse personale di qualcuno. Un metodo usato in paesi dell'est Europa, dove tra gli abitanti non ci sono grosse differenze di reddito, quindi applicabile. Da noi invece la situazione è completamente opposta, le disparità sono enormi, da chi non arriva a fine mese, a chi compra Barche e auto di lusso.

Di Maio (Leader del M5S) è accusato di immobilismo, di mettere veti a troppe cose. Alla fine si scioglie l'alleanza *M5S e Lega* e se ne fa un'altra, **M5S** e **PD**. All'inizio sembra di ritornare alla becera politica di sinistra che abbiamo già descritto, ma poi arriva il Virus, chiamato **COVID19**. Il Governo è sempre nelle mani di **Giuseppe Conte**, che ancora non si è riusciti a capire se fa l'interesse della Sinistra, dell'Europa, o vuole fare il bene del Paese.

Durante L'Emergenza del Covid19, dimostra sicuramente delle buone capacità nel gestire una situazione molto difficile, con una strategia ben precisa e divisa in fasi, per arginare il pericolo del Virus. Certo quando è in ballo la Nostra Salute e quella delle persone care, non si può sbagliare. Ora Covid permettendo, vediamo se è in grado di usare queste stesse capacità per far riprendere il nostro Paese, *vediamo se è nata una terza Repubblica o siamo alle solite.*

Con i soldi ottenuti dall'UE, e soprattutto, le condizioni con cui se li è fatti dare, ha dimostrato un'altra volta di essere stato bravo, ora lo deve essere ancora di più per far rispettare i patti e soprattutto saper spendere bene questi soldi, perché è **vietato sbagliare**.

Conclusioni

Se in Italia 500000 miliardari spendono 5€ a testa, muovono 2500000 € di economia. Se 49500000 italiani spendono 1€, si muovono 49500000 €.......

Da questi dati è facile capire **che il benessere del paese è nelle mani della persona con reddito medio-basso e nella piccola-media impresa**. Su questo non ci sono dubbi, più benessere c'è per questi più il Paese cresce velocemente.

Le opere pubbliche, le infrastrutture, gli investimenti devono essere fatti in tutti il Paese, specialmente al Sud in difficoltà. Se si abbandona il Sud, diventerà una zavorra che frena la ripartenza.

Ho voluto scrivere questo libro per descrivere passo dopo passo e in ogni suo particolare **il processo di sgretolamento della Democrazia in Italia**, che è partito nel 1989, dopo la caduta del Muro di Berlino. Questo processo non è una favola, ma è certamente avvenuto, causando danni enormi di ogni genere, soprattutto all'ECOMNOMIA, ma anche alla dignità della persona, che si è vista togliere un diritto fondamentale come il "LAVORO".

Chi ha voluto tutto questo? Guardando la **tabella di pag.73** del Capitolo "LA GLOBALIZZAZIONE" si possono trarre delle Conclusioni; L'**UE** ha giovato soprattutto (molti studiosi di Economia lo confermano) ai Primi 4 Paesi più ricchi e che esportano di più la mondo: USA, CINA, GERMANIA, FRANCIA *molto più agevolati e con maggiore guadagno negli scambi commerciali.*

Non so se la **Cina** facente parte di altre aree geografiche e alleanze centri qualcosa, ma gli USA che come abbiamo visto all'inizio del libro, ha favorito e velocizzato il processo di unificazione della Germania, La Germania stessa, e la Francia?

Chi ne ha subito le gravi conseguenze sono soprattutto gli stati più deboli Economicamente o con una politica Economica differente, basata sulla stampa di moneta e inflazione, come proprio L'ITALIA, e molti paesi del SUD EUROPA.

La Francia stessa non si sa se riuscirà a tenere il passo della Germania, ma stanno cominciando a nascere proteste anche all'interno di questi ultimi due paesi, perché questa politica accontenta alcuni, gli imprenditori, ma ne scontenta molti altri.

Ringraziamenti

Ho potuto scrivere questo libro e arricchirlo di molti più particolari, grazie alle fonti Enciclopediche sia cartacee e sul Web.

Grazie anche hai numerosi libri letti, riguardanti l'Economia e l'Economia Internazionale, e di temi Socio-Politici, in particolare "**La Sociologia di Luigi Sturzo**" e altri libri e scritti sempre di **Luigi Sturzo**.

Un grazie anche ai colleghi scrittori, che si sono occupati di queste tematiche, con cui ho avuto dei colloqui che mi hanno arricchito notevolmente.

INDICE DEGLI ARGOMENTI

Scritto da **Salvatore Bellassai** nell'anno 2020 ;

****** Nel formato e-book, utilizzate la casella di ricerca del documento, per trovare qualsiasi argomento.*

Dello Stesso Autore:

Wave Of The Rock (Viaggio attraverso la storia del Rock);

Wave Of The Rock 2 (La Musica Metal, dalla contestazione all'occultismo);

****

****